CONTINVATION
DES AMOVRS DE P. DE
RONSARD VANDOMOIS.

A PARIS,
*Pour Vincent Certenas libraire, tenant sa
boutique au Palais, en la gallerie par
ou lon va à la Chancellerie.*
1 5 5 5.

CONTINVATION
des amours de P. de Ronsard
Vandomois.

Sonnets en vers heroiques.

Hiard, chacun disoit à mon commencement
Que i'estoi trop obscur au simple populaire :
Auiourd'hui, chacun dit que ie suis au contraire,
Et que ie me dements parlant trop bassement.

Toi, qui as enduré presqu'vn pareil torment,
Di moi, ie te suppli, di moi que doi-ie faire?
Di moi, si tu le sçais, comme doi-ie complaire
A ce monstre testu, diuers en iugement?

Quãd i'escri haultemẽt, il ne veult pas me lire,
Quand i'escri bassement, il ne fait qu'en médire :
De quel estroit lien tiẽdrai-ie, ou de quels clous

Ce mõstrueux Prothé, qui se chãge à tous coups?
Paix, paix, ie t'enten bien : il le fault laisser dire,
Et nous rire de lui, comme il se rit de nous.

Iodelle, l'autre iour, l'enfant de Cythere
Au combat m'apela, combat son arc

Et lors comme hardi, ie vesti le harnois,
Pour auoir contre luy ma peau mieus asseurée.
 Il me tira premier vne fleche asserée
Droict au cœur, puis vne autre, & puis tout à la
Il decocha sur moi les traicts de son carquois: (fois,
Sans qu'il eust d'un seul coup ma poictrine enferrée.
 Mais quand il vit son arc de fleches desarmé,
Tout dépit s'est lui-mesme en fleche transformé,
Puis se rua dans moi d'une puissance extreme:
 Quand ie me vi vaincu, ie me desarmé lors:
Car, las! que m'eust serui de m'armer par dehors,
Ayant mon ennemi caché dedans moimesme?

 Ce pendant que tu vois le superbe riuage
De la riuiere Tusque, & le mont Palatin,
Et que l'air des Latins, te fait parler latin,
Changeant a l'étranger ton naturel langage.
 Vne fille d'Aniou me detient en seruage,
A laquelle baisant maintenant le tetin,
Et maintenant les yeus endormis au matin,
Ie vy (côme lon dit) trop plus heureus que sage.
 Tu diras a Maigni, lisant ces vers ici,
Et, quoi! Ronsard est donq encores amoureus?
Mon Bellay, ie le suis, & le veus estre aussi,
 Et ne veus cöfesser qu'Amour soit malheureus,
Ou si c'est vn malheur, baste, ie delibere

De vivre malheureus en si belle misere.

Peletier mon ami, le tems leger s'enfuit,
Ie change nuit & iour de poil & de ieunesse:
Mais ie ne change pas l'amour d'une maistresse
Qui dans mon cueur colée, eternelle me suit.
 Toi, qui es des anfance en tout sauoir instruit,
(Si de nottre amitié l'antique neud te presse)
Cōme sage & plus vieil, done moi quelque adresse,
Pour euiter ce mal qui ma raison détruit.
 Aide-moi, Peletier, si par philosophie,
Ou par le cours des cieus tu as iamais apris
Vn remede d'amour, di-le moi ie te prie,
 Car bien, qu'ores au ciel ton ceur soit eleué,
Si as-tu quelquefois d'une dame este pris.
Et pour dieu! conte-moi comme tu t'es sauué.

Aurat, apres ta mort, la terre n'est pas digne,
Pourrir si docte cors, comme est vraiment le tien.
Les Dieux le changeront en quelque vois: ou bien,
Si Echon ne sufist, le changeront en Cigne,
 Ou, en ce cors qui vit de rosée diuine,
Ou, en mouche qui fait le miel hymettien,
Ou, en l'oiseau qui chante, & le crime ancien
De Terée, au printemps redit sus vne épine.
 Ou si tu n'es changé tout entier en quelq'un,
Tu vétiras vn cors, qui te sera commun.

Auecques tous ceus-cy, participant ensemble
De tous (car vn pour toi sufisant ne me semble)
Et d'home seras fait vn beau monstre nouueau
De voix, Cigne, cigualle, & de mouche, et d'oyseau.

E, n'esse, mon Paquier, é n'esse-pas grand cas!
Bien, que le corps party de tant de membres i'aye,
De muscles, nerfs, tēdrons, de pommōs, & de faye,
De mains, de pieds, de flācs, de iambes, & de bras,
Qu'Amour les laisse en paix, et ne les naüre pas,
Et que luy pour son but, opiniatre, essaye
De faire dans mō cœur touiours touiours la playe,
Sans que iamais il vise ou plus hault ou plus bas!
S'il estoit vn enfant (comme on dit) aueuglé,
Son coup ne seroit point si seur ne si reiglé:
Vrayment il ne l'est pas, car ses traits à tout-heure
Ne se viendroient ficher au cœur en mesme lieu.
Armerai-ie le mien? non, car des traits d'un Dieu
Il me plaist biē mourir, puisqu'il fault que ie meure.

Marie, qui voudroit vostre beau non tourner,
Il trouueroit, Aimer, aimez-moi donq, Marie,
Faites cela vers moi dont vostre nom vous prie,
Vostre amour ne se peut en meilleur lieu donner:
S'il vous plaist pour iamais vn plaisir demener,
Aimez moi, nous prendrons les plaisirs de la vie,
Penduz l'un l'autre aucol, & iamais nulle enuie

D'aimer en autre lieu, ne nous pourra mener.
 Si faut il bien aimer au monde quelque chose,
Cellui qui n'aime point, cellui-la se propose
Une vie d'un Scyte, & ses iours veut passer
 Sãs gouster la douceur des douceurs la meilleure.
E, qu'est il rien de doux sans Venus ? las! a l'heure
Que ie n'aimeray point puissai-ie trépasser.

 Marie, vous passez en taille, & en visage,
En grace, en ris, en yeus, en sein, & en teton
Vostre moienne seur, d'autant que le bouton
D'un rosier franc surpasse, vne rose sauuage.
 Ie ne dy pas pourtant qu'vn rosier de bocage
Ne soit plaisant à l'œil, & qu'il ne sente bon:
Aussy ie ne dy pas que vostre seur Thoinon
Ne soit belle, mais quoy? vous l'estes dauantage.
 Ie sçay bien qu'apres vous, elle à le premier pris
De ce bourg, en beauté, & qu'on seroit espris
D'elle facilement, si vous estiez absente:
 Mais quãd vous aprochez, lors sa beauté s'efuit,
Ou morne elle deuient, par la vostre presente
Comme les astres font quand la Lune reluit.

 Marie, à tous les coups vous me venez reprẽdre
Que ie suis trop leger, & me dites tousiours
Quãd ie vous veus baiser, que i'aille à ma Cassãdre
Et tousiours m'apellez, inconstant en amours.

a. iiij.

Ie le veus estre aussi, les hõmes sont biẽ lours
Qui n'osent en cẽt lieux neuue amour entreprẽdre,
Cétui-là qui ne veut qu'à vne seule entendre,
N'est pas digne qu'Amour lui face de bons tours.

Celui qui n'ose faire vne amitié nouuelle,
A faute de courage, ou faute de ceruelle,
Se defiant de soi, qui ne peut auoir mieus.

Les hommes maladis, ou mattés de vieillesse,
Doiuent estre constans : mais sotte est la ieunesse
Qui n'est point eueillée, & qui n'aime en cẽt lieus.

Marie, vous aués la ioüe aussi vermeille
Qu'une rose de Mai, vous aués les cheueus
De couleur de chastaigne, entrefrisés de neus,
Gentement tortillés tout-au-tour de l'oreille.

Quãd vous estiés petite, vne mignarde Abeille
Dans vos leures forma son dous miel sauoureus,
Amour laissa ses trais dans vos yeus rigoreus,
Pithon vous feit la vois à nulle autre pareille.

Vous aués les tetins, cõme deux mons-de lait
Caillé bien blanchement sus du ionc nouuelet
Qu'une ieune pucelle au mois de Iuin façonne :

De Iunõ sont vos bras, des Graces vostre sein,
Vous aués de l'Aurore & le front, & la main,
Mais vous aués le coeur d'une fiere Lionne.

Ie ne suis seulement amoureus de Marie,

Ianne me tient aussy dans les liens d'Amour,
Ore l'une me plaist, ore l'autre à son tour:
Ainsi Tibulle aimoit Nemesis, & Delie.
   On me dira tantost que c'est vne folie
D'en aimer, inconstant, deux ou trois en vn iour,
Voire, & qu'il faudroit bien vn homme de seiour,
Pour, gaillard, satisfaire à vne seule amie.
   Ie respons à cela, que ie suis amoureus,
Et non pas iouissant de ce bien doucereus,
Que tout amant souhaite auoir à sa commande:
   Quant à moi, seulement ie leur baise la main,
Ie deuise, ie ry, ie leur taste le sein,
Et rien que ces biens là, d'elles ie ne demande.

   Amour estant marri, qu'il auoit ses saigettes
Tiré contre Marie, & ne l'auoit blessée,
Par depit, dans vn bois sa trousse auoit laissée
Tant q̃ plene elle fust d'un bel * essain d'Auettes.   *Essain
   Ia de leurs piquerons, ces captiues mouchettes   est ce que
Pour auoir liberté, la trousse auoient persée: les Latins
Et s'enfuioyent alors qu'Amour la renuersée   apellent
Sur la face à Marie, & sus ses mammelettes.   examen.
   Soudain, apres qu'il eut son carquois dechargé,
Tout riant sautela, pensant estre vangé
De celle, à qui son arc n'auoit sceu faire outrage,
   Mais il rioit en vain: car ces filles du ciel

En lieu de la piquer, baisans son beau visage,
En amassoyent les fleurs, & en faisoyent du miel.

Ie veuls me souuenant de ma gentille Amie
Boire ce soir d'autant, & pource, Corydon
Fay remplir mes flacons, & verse à-labandon
Du vin, pour resiouïr toute la compagnie.

Soit que m'amie ait nõ, ou Cassandre, ou Marie,
Ie m'en vois boire autant que de lettre à son nom,
Et toi, si de ta belle & ieune Madelon
Belleau, l'amour te point, ie te pry ne l'oublie.

Qu'õ m'õbrage le chef de vigne, & de l'hierre,
Les bras, & tout le col, qu'on enfleure la terre
De roses, & de lis, & que dessus le ionc
On me caille du lait rougi de mainte fraise :
Et n'esse pas bien fait? or sus, commençon donq,
Et chassõ loin de nous, tout soing & tout malaise.

Que me seruët mes vers, & les sons de ma lyre?
Quãd nuit et iour ie chãge et de meurs et de peau,
Pour en aimer trop vne, he que l'hõme est biẽ veau
Qui aux dames se fie, & pour elles souspire!

Ie pleure, ie me deux, ie cry, ie me martire,
Ie fay mile sonnetz, ie me romps le cerueau,
Et si ie suy haï, vn amoureus nouueau
Gaigne tousiours ma place, & ie ne l'ose dire.

Ah? que ma Dame est fine, el'me tient a mépris,

Pour ce qu'elle voit bien que d'elle suis espris,
Et que ie l'aime trop. auant que ie l'aimaſſe,
  Elle n'aimoit que moi, mais or' que i'ai empris
De l'aimer, el'me laiſſe, & s'en court à la chaſſe
Pour en reprendre vn autre ainſi qu'elle m'a pris.

  Ma plume ſinon vous ne ſcait autre ſuget,
Mon pié ſinon vers vous ne ſcait autre voiage,
Ma langue ſinon vous ne ſcait autre langaige,
Et mon œil ſinon vous ne connoît autre obiet.
  Si ie ſouhaite rien, vous eſtes mon ſouhait,
Vous eſtes le doux gaing de mon plaiſant dõmage,
Vous eſtes le ſeul but ou viſe mon courage,
Et ſeulement en vous tout mon rond ſe parfait.
  Ie ne ſuis point de ceus qui chãgent de fortune,
Cõme vn tas d'amoureus, aimãs au iourd'huy l'une,
Et le lendemain l'autre, helas! i'ayme trop mieus
  Cent fois que ie ne dy, & pluſtoſt que de faire
Choſe qui peut en rien noſtre amytie defaire:
I'aimerois mieux mourir, tãt i'aime vos beaux yeus.

  Vous ne le voulez-pas? & biẽ, i'en ſuis cõtant,
Contre voſtre rigueur Dieu me doint patience,
Deuãt qu'il ſoit vingt ans i'en auray la vẽgence,
Voiant ternir voz yeus qui me trauaillent tant.
  On ne voit amoureus au monde ſi conſtant
Qui ne perdiſt le coeur, perdant ſa recompenſe,

Quant à moi, si ne fust la longue experience,
Que i'ay, de soufrir mal, ie mourrois à l'instant.

Toutesfois quäd ie pëse un peu dans mö courage
Que ie ne suis tout seul des femmes abusé,
Et que de plus rusés en ont reçeu dommage,
Ie pardonne à moimesme, & m'ay pour excusé :
Car vous qui me trompés, en estes coustumiere,
Et qui pis est, sur toute en beauté la premiere.

Le vintiéme d'Auril couché sur l'herbelette,
Ie vy ce, me sembloit, en dormant un Cheureuil,
Qui çà, puis là marchoit où le menoit son vueil :
Foulant les belles fleurs de mainte gambelette.

Vne corne & une autre encore nouuellette
Enfloit son petit front, petit, mais plein d'orgueil,
Comme un Soleil luisoit par les prets son bel oeil,
Et un carquan pendoit sus sa gorge douillette.

Si tost que ie le vy, ie voulu courre aprés,
Et lui qui m'auisa, print sa course es forés,
Où se moquant de moi, ne me voulut attendre.

Mais en suiuant son trac, ie ne m'auisay pas
D'un piege entre les fleurs, qui me lia mes pas,
Et voulät prëdre autrui, moimesme me fis prëdre.

Bië que vous surpassiés en grace & en richesse
Celles de ce païs, & de toute autre part :
Vous ne deués pourtant, & fussiés vous princesse,

Iamais vous repentir d'auoir aimé Ronsard.
　C'eſt lui, Dame, qui peut auecque ſon bel art,
Vous afranchir des ans, & vous faire Deeſſe :
Prométre il peut cela, car rien de lui ne part,
Qu'il ne ſoit immortel, & le ciel le confeſſe.
　Vous me reſpõderés, qu'il eſt vn peu ſourdaut,
Et que c'eſt deplaiſir en amour parler haut :
Vous dites verité, mais vous celés aprés,
　Que luy, pour vo° ouir, s'aproche à vôtre oreille,
Et qu'il baiſe à tous coups vôtre bouche vermeille
Au milieu des propos, d'autant qu'il en eſt prés.

　Mais reſpons, meſchãt Loir ? me rens-tu ce loier,
Pour auoir tant chanté ta gloire & ta louange ?
As-tu oſé, barbare, au milieu de ta fange
Renuerſant mon bateau, ſous tes eaus m'en noier ?
　Si ma plume eut daigné ſeulement emploier
Six vers, à celebrer quelque autre fleuue eſtrange,
Quiconque ſoit celui, fuſſe le Nil, ou Gange,
Comme toi, n'euſt voulu dans ſes eaus me noier.
　D'autant que ie t'aimoi, ie me fiois en toi,
Mais tu m'as bien mõtré que l'eau n'a point de foi :
N'es-tu pas bien meſchant ? pour rendre plus famé
　Ton cours, à tout iamais du los qui de moi part,
Tu m'as voulu noier, à fin d'eſtre nommé
En lieu du Loir, le fleuue où ſe noya Ronſard.

Amour tu me fis voir, pour trois grãdes merueilles,
Trois seurs, allant au soer se pourmeuer sur l'eau,
Qui croissoient a l'enuy, ainsi qu'au renouueau
Croissent dans vn pommier trois pommettes pareilles.

Toutes le trois estoient en beauté nompareilles,
Mais la plus ieune auoit le visage plus beau,
Et sembloit vne fleur voisine d'un ruysseau,
Qui remire dans l'eau ses richesses vermeilles.

Ores ie souhaitois la plus vieille en mes vœus,
Et ores la moienne, & ores toutes deux,
Mais tousiours la petite estoit en ma pensée,

Et priois le Soleil de n'enmener le iour:
Car ma veüe en trois ans n'eust pas esté lassée
De voir ces trois Soleiz qui m'enflamoiẽt d'amour.

Mon ami puisse aimer vne femme de ville,
Belle, courtoise, honeste, & de doux entretien :
Mon haineux puisse aimer au village vne fille,
Qui soit badine, sote, & qui ne sache rien.

Tout ainsi qu'en amour le plus excellent bien
Est d'aimer vne femme, & sauante, & gentille :
Aussi le plus grand mal à ceuls qui aiment bien,
C'est d'aimer vne femme indocte, & mal-habille.

Vne gentille Dame entendra de nature
Quel plaisir c'est d'aimer, l'autre n'en aura cure
Se peignant vn honneur dedans son esprit sot,

Vo⁹ l'aurez beau prescher, et dire qu'elle est belle,
Sans s'esmouuoir de rien, vous entēdra pres d'elle
Parler vn iour entier, & ne respondra mot.

Ie croi que ie mouroi͂ si ce n'estoit la Muse
Qui deçà & delà fidelle m'acompaigne
Sās se lasser, par chās, par bois, & par mōtaigne,
Et de ses beaus presens tous mes soucis abuse:
Si ie suis enuyé, ie n'ay point d'autre ruse
Pour me desennuyer, que Cliōn ma Compaigne,
Si tost que ie l'apelle, elle ne me dedaigne,
Et de me venir voir iamais el' ne s'excuse:
Des presens des neuf Seurs soit en toute saison
Pleine toute ma chambre, & plaine ma maison,
Car la roüille iamais à leurs beaus dons ne touche.
Le Tin ne fleurît pas aus Abeilles si dous
Cōme leurs beaus presens me sōt doux à la bouche,
Desquels les bons esprits ne furent iamais saouls.

Mignongne, leués-vous, vous estes paresseuse,
Ia la gaie Alouette au ciel à fredonné,
Et ia le Rossignol frisquement iargonné,
Dessus l'espine assis, sa complainte amoureuse.
Debout-donq, allon voir l'herbelette perleuse,
Et vostre beau Rosier de boutons couronné,
Et voz oeillets aimés, ausquels aues donné
Hyer au soir de l'eau, d'une main si songneuse.

Hyer en vous couchant, vous me fistes promesse
D'estre plus-tost que moi ce matin eueillée,
Mais le someil vous tient encor toute sillée:
    Ian, ie vous punirai du peché de paresse,
Ie vois baiser cent fois vostre oeil, vostre tetin,
Afin de vous aprendre à vous leuer matin.

    Bayf, il semble à voir tes rymes langoreuses,
Que tu sois seul amant, en France, langoreus,
Et que tes compaignons ne sont point amoureus,
Mais fōt lāguir leurs vers desous feintes pleureuses.
    Tu te trompes, Bayf, les peines doloreuses
D'Amour, autant que toi nous rendent doloreus,
Sans noꝰ feindre vn tourmēt: mais tu es plꝰ heureus
Que nous, à raconter tes peines amoureuses.
    Quant à moi, si i'estois ta Francine chantée,
Ie ne serois iamais de ton vers enchantée
Qui se faignant vn dueil, se fait palir lui-mesme.
    Non, celui n'aime point, ou bien il aime peu,
Qui peut donner par signe à cognoistre son feu,
Et qui peut raconter le quart de ce qu'il aime.

    Ie ne suis variable, & si ne veus aprendre
(Desia grison) à l'estre, aussi ce nest qu'émoi:
Ie ne dy pas si Iane estoit prise de moi,
Que tost ie n'oubliasse & Marie & Cassandre,

Ie ne suis pas celui qui veus Paris reprendre
D'auoir manqué si tost à Pegasis de foy,
Plutost que d'accuser ce ieune enfant de Roy
D'estre en amour leger, ie voudrois le defendre.

Il fist bien, il fist bien, de rauir cette Helene,
Cette Helene qui fut de beauté si tres-plene,
Que du grand Iupiter on la disoit anfant:

L'amant est bien guidé d'une heure malheureuse,
Quand il trouue son mieus, si son mieus il ne prêt,
Sans languir tant es bras d'une vieille amoureuse.

C'est grãd cas que d'aimer! si ie suis vne année
Auecque ma maitresse à deuiser touiours,
Et à lui raconter quelles sont mes amours,
L'an me semble plus court qu'une seule iournée.

S'une autre parle à moi, i'en ay l'ame gennée,
Où ie ne lui di mot, ou mes propos sont lours,
Au milieu du deuis s'egarent mes discours,
Et tout ainsi que moi, ma langue est estonnée.

Mais quand ie suis aupres de celle qui me tient
Le coeur dedans ses yeus, sans me forçer me vient
Vn propos dessus l'autre, & iamais ie ne cesse

De baiser, de taster, de rire, & de parler:
Car pour estre cent ans aupres de ma maitresse
Cent ans me sont trop cours, & ne m'en puis aller.

E, que me sert, Paschal, ceste belle verdure

Qui rit parmi les prés, & d'oüir les oiseaus,
D'oüir par le pendant des colines, les eaus,
Et des vents du prin-tems le gracieus murmure?
 Quäd celle qui me bêsse, & de mon mal n'a cure
Est absente de moi, & pour croistre mes maus
Me cache la clarté de ses astres iumeaus,
De ses yeus, dont mon coeur prenoit sa nourriture.
 J'aimeroi beaucoup mieus, qu'il fust hyuer tousio
Car l'hyuer n'est si propre à nourir les amours(urs
Comme est le renouueau, qui d'aimer me conuie,
 Ainçois de me hayr: puis que ie n'ay pouuoir
En ce beau mois d'Auril entre mes bras d'auoir
Celle qui dans ses yeus tient ma mort & ma vie.

Sonetz en vers de dix à onze syllabes.

Je ne saurois aimer autre que vous
 Non, Dame, non, ie ne saurois le faire:
Autre que vous ne me sauroit complaire,
Et fust Venus descendue entre nous.
 Voz yeus me sont si gracieus & dous,
Que d'un seul clin ils me peuuent defaire,
D'un autre clin tout soudain me refaire,
Me faisant viure ou mourir en deux cous.
 Quand ie serois cinq cens mille ans en vie,
Autre que vous ma mignonne m'amie,

Ne me feront amoureus deuenir.
 Il me faudroit refaire d'autres venes,
Les miennes sont de vostre amour si plenes,
Qu'un autre amour n'y sauroit plus tenir.

 Pour aimer trop vne fiere beauté,
Ie suis en peine, & si ne saurois dire
D'où, ni comment, me suruint ce martyre,
Ni à quel ieu ie perdi liberté.
 Si sçai-ie bien que ie suis arresté
Au lacs d'amour: & si ne m'en retire,
N'i ne voudrois, car plus mon mal empire
Et plus ie veus y estre mal traicté.
 Ie ne di pas, s'elle vouloir vn iour
Entre ses bras me garir de l'amour
Que son present bien agré ie ne prinse,
 E Dieu du ciel, é qui ne le prendroit!
Quand seulement de son baiser, vn Prince
Voire vn grand Roy, bien heureus se tiendroit.

 E que ie porte & de hayne & d'enuie
Au medecin qui vient soir & matin
Sans nul propos, tatonner le tetin,
Le sein, le ventre & les flans de m'amie:
 Las! il n'est pas si songneus de sa vie
Comme elle pense. il est mechant & fin
b. ij.

Cent fois le iour ne la vient voir, qu'a fin
De voir son sein qui d'aimer le conuie.
   Vous qui aués de sa fieüre le soin,
Ie vous supli de me chasser bien loin
Ce medecin amoureus de m'amie,
   Qui fait semblant de la venir penser,
Que pluest à Dieu, pour l'en recompenser,
Qu'il eust ma peine, & qu'elle fust guarie.

   Dites maitresse! & que vous ai-ie fait!
E, pourquoy las! m'estes vous si cruelle?
Ai-ie failly de vous estre fidelle?
Ai-ie enuers vous commis quelque forfait?
   Dites maitresse, é que vous ai-ie fait!
E, pourquoy las m'estes vous si cruelle!
Ai-ie failli de vous estre fidelle?
Ai-ie enuers vous commis quelque forfait?
   Certes nenny: car plutost que de faire
Chose qui deust, tant soit peu, vous déplaire,
I'aimerois mieus mille mors encourir.
   Mais ie voi bien que vous auez enuie
De me tuer. faites-moy donq mourir,
Puis qu'il vous plaît: car à vous est ma vie.

   Chacun qui voit ma couleur triste & noire,
Me dit, Ronsard, vous estes amoureus:

Mais cette-là qui me fait langoreus,
Le sçait, le voit, & si ne le veut croire.

E, que me sert que mon mal soit notoire
A vn chacun, quand son coeur rigoreus,
Par ne sçai quel desastre malheureus
Me fait la playe, & si la prend à gloire?

C'est vn grand cas! que pour cent fois iurer,
Cent fois promette, & cent fois asseurer
Qu'autre iamais n'aura sus moi puissance,
Qu'elle s'esbat de me voir en langueur:
Et plus de moi ie lui donne asseurance,
Moins me veut croire, & m'apelle vn moqueur.

Plus que iamais ie veus aimer, Maitresse,
Vôtre oeil diuin, qui me detient rauy
Mon coeur chez lui, du iour que ie le vi,
Tel, qu'il sembloit celui d'une deésse.

C'est ce bel oeil qui me paist de liesse,
Liesse, non, mais d'un mal dont ie vi,
Mal, mais vn bien, qui ma touiours suiuy,
Me nourrissant de ioye & de tristesse.

Desia neuf ans euanouiz se sont
Que voz beaus yeus en me riant, me font
La playe au coeur, & si ne me soucye
Quand ie mourois d'un mal si gracieus:
Car rien ne peut venir de voz beaus yeus

b. iij.

CONTINVA. DES AMOVRS

Qui ne me soit trop plus cher que la vie.

Quand ma maitresse au monde print naissance
Honneur, Vertu, Grace, Sauoir, Beauté
Eurent debat auec la Chasteté
Qui plus auroit sus elle de puissance.
L'une vouloit en auoir iouyssance,
L'autre vouloit l'auoir de son costé,
Et le debat immortel eust esté
Sans Iupiter, qui leur posa silence.
Filles, dit il, ce n'est pas la raison
Que l'une seule ait si belle maison,
Pour-ce ie veus qu'apointement on face:
L'accord fut fait: & plus soudainement
Qu'il ne l'eut dit, toutes egalement
En son beau corps pour iamais prindrent place.

Ie vous enuoye vn bouquet de ma main
Que i'ay ourdy de ces fleurs epanies,
Qui ne les eust à ce vespre cuillies,
Flaques à terre elles cherroient demain.
Cela vous soit vn exemple certain
Que voz beautés, bien qu'elles soient fleuries,
En peu de tems cherront toutes flétries,
Et periront, comme ces fleurs, soudain.
Le tems s'en va, le tems s'en va, ma Dame,

Las! le tems non, mais nous nous en allons,
Et tost serons estendus sous la lame:
Et des amours desquelles nous parlons,
Quand serons morts, n'en sera plus nouuelle:
Pour-ce aimés moi, ce pendant qu'estes belle.

Gentil Barbier, enfant de Podalyre,
Ie te supply, seigne bien ma maitresse,
Et qu'en ce mois, en seignant, elle laisse
Le sang gelé dont elle me martyre.
Encore vn peu dans la palette tire
De son sang froid, ains de sa glace épesse,
A cellefin qu'en sa place renaisse
Vn sang plus chaut qui de m'aimer l'inspire.
Ha! velelà, c'estoit ce sang si noir
Que ie n'ay peu de mon chaud émouuoir
En soupirant pour elle mainte année.
Ha c'est assez, cesse gentil Barbier,
Ha ie me pâme! & mon ame estonnée
S'euanoist, en voiant son meurtrier.

I'aurai tousiours en vne hayne extréme
Le soir, la cheze, & le lit odieus,
Où ie fu pris, sans y penser, des yeus
Qui pour aimer, me font hayr moi-mesme.
I'aurai tousiours le front pensif & bléme

b.iiij

Quand ie voirray ce bocage ennuieus,
Et ce iardin de mon aise enuieus,
Où i'auisay cette beauté supréme,
   I'aurai touiours en haine plus que mort
Le mois de Mai, le lyerre, & le sort
Qu'elle écriuit sus vne verte feille :
   I'auray tousiours cette lettre en horreur,
Dont pour Adieu, sa main tendre & vermeille
Me fait present pour me l'emprindre au coeur.

   E, Dieu du ciel, ie n'eusse pas pensé,
Qu'un seul depart eust causé tant de pene !
Ie n'ay sur moi nerf, ni tendon, ni vene,
Faie, ni coeur qui n'en soit offensé.
   Helas ! ie suis a-demi trespassé,
Ains du tout mort, las ! ma douce inhumaine,
Auecques elle, en s'en allant, enmaine
Mon coeur captif de ses beaus yeus blessé.
   Que pleust à Dieu ne l'auoir iamais veüe !
Son oeil gentil ne m'eust la flamme esmeüe,
Par qui me faut vn tourment receuoir,
   Tel, que ma main m'occiroit à cette heure,
Sans vn penser que i'ai de la reuoir,
Et ce penser garde que ie ne meure.

   Ha, petit chien, que tu serois heureus,

Si ton bon heur tu sçauois bien entendre,
D ainsi coucher au giron de Cassandre,
Et de dormir en ses bras amoureus.

Mais, las! ie vy chetif & langoreus,
Pour sçauoir trop mes miseres comprendre:
Las! pour vouloir en ma ieunesse aprendre
Trop de sçauoir, ie me fis malheureus.

Mon Dieu que n'ai-ie au chef l'entendement
Aussi plombé, qu'un qui iournelement
Bêche à la vigne, où fagotte au bocage!

Ie ne serois chetif comme ie suis,
Le trop d'esprit ne me feroit domage
Et ne pourrois comprendre mes ennuis.

Sonetz en vers Heroiques.

D'Vne belle Marie, en vne autre Marie,
Belleau, ie suis tombé, & si dire ne puis
De laquelle des deux plus l'amour ie poursuis,
Car i'en aime bien l'une, & l'autre est biē m'amie.

On dit qu'une amitie qui se depart demie
Ne dure pas long tems, & n'aporte qu'ennuis,
Mais ce n'est qu'un abus: car tant ferme ie suis
Que pour en aimer vne, vne autre ie n'oublie.

Tousiours vne amitié plus est enracinée
Plus long tems elle dure, & plus est ostinée

A soufrir de l'amour l'orage vehement:
E, ne sçais-tu, Belleau, que deux ancres getées
Dans la mer, quand plus fort les eaus sont agitées,
Tiennent mieus une nef, qu'une ancre seulement?

Quãd ie serois un Turc, un Arabe, ou un Scythe
Pauure, captif, malade, & d'honneur deuestu,
Laid, vieillard, impotent, encor' ne deurois-tu
Estre, comme tu es, enuers moi si dépite:
Ie suis bien asseuré que mon coeur ne merite
D'aimer en si bon lieu, mais ta seule vertu
Me force de ce faire, & plus ie suis batu
De ta fiere rigueur, plus ta beauté m'incite.
Si tu penses trouuer un seruiteur qui soit
Digne de ta beauté, ton penser te deçoit,
Car un Dieu (tãt s'en faut un hõme) n'en est digne,
Si tu veus donq aimer, il faut baisser ton coeur:
Ne sçais-tu que Venus (bien qu'elle fust diuine)
Iadis pour son ami choisit bien un pasteur?

Dame ie ne vous puis ofrir à mon depart
Sinon mon pauure coeur, prenés-le ie vous prie,
Si vous ne le prenés, iamais une autre amie
(I'en iure par voz yeus) iamais n'y aura part.
Ie le sen déia bien comme ioyeus il part
Hors de mon estomac, peu sougneus de ma vie,

Pour s'en aller chés vous, & rien ne le conuie.
D'y aller,(ce dit il) que vôtre dous regard.
 Or si vous le chassés, ie ne veus plus qu'il viēne
Vers moi, pour y r'auoir sa demeure ancienne,
Hayssant à la mort ce qui vous deplaira:
 Il m'aura beau conter sa peine & son malaise,
Comme il fut parauant, plus mien il ne sera
Car ie ne veus riē voir chés moi, qui vous deplaise.

 Rossignol mon mignon, qui dans cette saulaye
Vas seul de branche en branche à ton gré voletant
Degoisant à l'enuy de moi, qui vois chantant
Celle, qui faut tousiours que dans la bouche i'aie,
 Nous soupirons tous deux, ta douce vois s'essaie
De flechir celle-là, qui te va tourmentant,
Et moi, ie suis aussi cette-là regrettant,
Qui m'a fait dans le coeur vne si aigre plaie.
 Toutesfois, Rossignol nous differons d'un point,
C'est que tu es aimé, & ie ne le suis point,
Bien que tous deux aions les musiques pareilles,
 Car tu flechis t'amie au dous bruit de tes sons,
Mais la mienne qui prent à dépit mes chansons
Pour ne les escouter, me bouche les oreilles.

 Si vous pensés que Mai, & sa belle verdure
De vôtre fieure quarte effacent la langueur

Vous vo° trõpés beaucoup, il faut premier mõ cœur
Garir du mal qu'il sent, & si n'en aués cure.

 Il faut donque premier me garir la pointure
Que voz yeus dãs mon cœur me font par leur ri-
Et tout soudaĩ apres vo° reprẽdrés vigueur, (gueur,
Quãd vous l'aurés gary du tourmẽt qu'il endure.

 Le mal que vous aués, ne vient d'autre raison,
Sinon de moi, qui fis aus Dieus une oraison,
Pour me venger de vous, de vous faire malade.

 E, vraiment c'est bien dit, é vous voulez garir,
Et si ne voulez pas vôtre amant secourir,
Que vous garirìez bien seulement d'une œillade.

 J'ay cent fois desiré & cent encores d'estre
Un inuisible esprit, afin de me cacher
Au fond de vôtre cœur, pour l'humeur rechercher
Qui vous fait contre moi si cruelle aparoistre:

 Si i'estois dedans vous, aumoins ie serois maistre
Maugré vous, de l'humeur qui ne fait qu'ẽpescher
Amour, & si n'auriez nerf, ne poux sous la chair
Que ie ne recherchasse afin de vous cognoistre.

 Ie sçarois vne à vne & voz complexions,
Toutes voz voluntés, & voz conditions,
Et chasserois si bien la froideur de voz venes,

 Que les flammes d'Amour vous y allumeriez,
Puis quand ie les voirrois de son feu toutes plenes,

Ie redeuiendrois hôme, & lors vous m'aimeriez.

Pour-ce que tu sçais biē que ie t'aime trop mieus,
Trop mieus dix mille fois, que ie ne fais ma vie,
Que ie ne fais mon coeur, ma bouche, ni mes yeus,
Plus que le nom de mort, tu fuis le nom d'amie.
Si ie faisois semblant de n'auoir point enuie
D'estre ton seruiteur, tu m'aimerois trop mieus,
Trop mieus dix mille fois que tu ne fais ta vie,
Que tu ne fais ton coeur, ta bouche ni tes yeus.
C'est d'amour la coustume, alors q̃ plus on aime,
D'estre tousiours hay : ie le sçai par moi-mesme
Qui suis hay de toi, seulement quand tu m'ois
Iurer que ie suis tien, helas, que doi-ie faire!
Tout ainsi qu'on garist vn mal par son contraire,
Si ie te haïssois, soudain tu m'aimerois.

Quand ie vous dis Adieu, Dame, mon seul apuy
Ie laissé dans voz yeus mō coeur, pour sa demeure
En gaige de ma foi : & si ay depuis l'heure
Que ie le vous laissay, tousiours vescu d'ennuy.
Mais pour Dieu ie vous pri, me le rendre auiour-
Que ie suis retourné, de peur q̃ ie ne meure: (d'huy
Car ie mourois sans coeur, ou, q̃ vôtre oeil m'asseure
Que vous me donnerez le vôtre en lieu de lui.
Las! dōnez-le-moi dōq, & de l'oeil faittes signe

Que vôtre coeur est mien, & que vous n'aués rien
Qui ne soit fort ioieus, vous laissant, de me suiure
Ou-bien si vous voyés que ie ne sois pas digne
D'auoir chés moi le vôtre, au moins rendés le mien,
Car sans auoir vn coeur ie ne saurois plus viure.

Tu as beau, Iupiter, l'air de flammes dissouldre,
Et faire galloper tes haux-tonnans cheuaus,
Ronflans deçà delà, dans le creux des nuaus,
Et en cēt mille esclats tout d'un coup les dissoudre:
Ce n'est pas moi qui crais tes esclairs, ni ta foudre
Comme les coeurs poureus des autres animaus,
Il y a trop lon tems que les foudres iumeaus
Des yeus de ma maitresse ont mis le miē en poudre.
Ie n'ai plus ni tendons, ni arteres, ni nerfs,
Venes, muscles, ni poux, les feux que i'ai soufferts
Au coeur pour trop aimer, me les ont mis en cēdre.
Et ie ne suis plus rien (ô estrange meschef)
Qu'un Terme qui ne peut voir, n'oüyr, ni entendre,
Tant la foudre d'amour, est cheute sus mon chef.

Dōques pour trop aimer il fault que ie trépasse,
La mort, de mon amour sera donq le loyer,
L'hōme est biē malheureus qui se veut emploier
Par trauail, meriter d'une ingrate la grace:
Mais ie te pri, di moi, que veus-tu que ie face?

Quelle preuue veus-tu afin de te ployer
A pitié, las! veus-tu que ie m'aille noyer,
Ou, que de ma main propre à mort ie me deface?
 Es tu quelque Busire, ou Cacus inhumain,
Pour te souler ainsi du pauure sang humain?
E, di ne crains-tu point Nemesis la Déesse,
 Qui te redemandra mon sang versé à tort?
E, di, ne crains-tu point la troupe vengeresse
Des Sœurs, qui puniront ton crime apres la mort?

 Veus-tu sçauoir, Brués, en quel estat ie suis?
Ie te le conterai: d'un pauure miserable,
Il n'i a nul estat, tant soit il pitoiable
Que ie n'aille passant d'un seul de mes ennuis,
 Ie tien tout, ie n'ay rien, ie veus & si ne puis,
Ie reuy, ie remeurs, ma plaie est incurable:
Qui veut seruir Amour, ce tyran execrable,
Pour toute recompense il reçoit de tels fruis.
 Pleurs, larmes, & souspirs acompagnent ma vie,
Langueur, douleur, regrets, soupçon, & ialousie
Auecques vn penser qui ne me laisse auoir
 Vn moment de repos: & plus ie ne sens viure
L'esperance en mon coeur, mais le seul desespoir
Qui me guide à la mort, & ie le veus bien suiure.

 Ne me di plus, Imbret, que ie chante d'Amour,

Ce traistre, ce mechant: côment pouroi-ie faire
Que mon esprit voulust loüer son aduersaire,
Qui ne donne en sa peine vn moment de seiour!
 Si m'auoit fait aumoins quelque petit bon tour,
Ie l'en remercirois, mais il ne veut se plaire
Qu'a rengreger mõ mal, & pour mieus me défaire
Me met deuant les yeus ma Dame nuit & iour.
 Bien que Tantale soit miserable là-bas,
Ie le passe en malheur: car si ne mange pas
Le fruit qui pend sur lui, toutesfois il le touche,
 Et le baise, & s'en ioüe: & moi bien que ie sois
Aupres de mon plaisir, seulement de la bouche
Ni des mains, tant soit peu, toucher ne l'oserois.

 Quiconque voudra suiure amour ainsi que moi,
Celui se delibere en penible tristesse
Mourir ainsi que moi, il pleust à la Deesse
Qui tient Cypre en ses mains, de faire telle loi.
 Apres mainte misere & maint fascheus émoi
Il lui faudra mourir, & sa fiere maitresse,
Le voiant au tombeau, sautera de liesse
Sus le corps de l'amant, mort pour garder sa foy.
 Allez-donq maintenãt faire seruice aus Dames,
Offrez-leur pour present, et voz corps et voz ames
Vous en receueres vn salaire bien dous.
 Ie croi que Dieu les feit afin de nuire à l'hõme

,, Il les feit (Pardaillan) pour noſtre malheur, cõme
,, Les Tygres, les Lyons, les Serpens, & les lous

I'auois cent fois iuré de iamais ne reuoir
(O serment d'amoureus) l'angelique visage
Qui depuis quinze mois en penible seruage
Emprisonne mon coeur, & ne le puis rauoir.
I'en auois fait serment: mais ie n'ai le pouuoir
M'engarder d'y aller, car mon forcé courage
Bien que soit maugré moi, surmonté de l'usage
D'amour, touſiours m'y mene, abuſé d'un eſpoir.
,, Le deſtin Pardaillan, eſt vne forte choſe!
,, L'homme dedans ſon coeur ſes affaires diſpoſe
,, Et le ciel fait tourner ſes deſſains au rebours :
Ie ſçai bien que ie fais ce que ie ne doy faire,
Ie ſçai bien que ie ſui de trop folles amours :
Mais quoy ? puis que le ciel delibere au contraire?

Ne me ſui point, Belleau, allant à la maiſon
De celle, qui me tient en douleur nompareille,
E ne ſçais-tu pas bien ce que dit la Corneille
A Mopſe, qui ſuiuoit la trace de Iaſon ?
Profete, dit l'oiſeau, tu n'as point de raiſon
De ſuiure cet amant qui de voir s'apareille
Sa Dame, en autre part va ſuy le, & le conſeille
Mais ore de le ſuiure il n'eſt pas la ſaiſon.

Pour ton profit Belleau, ie ne vueil que tu voye',
Celle qui par les yeus, la plaie au coeur m'envoye,
De peur que tu ne prigne' vn mal au mien pareil.
 Il suffist que sans toi, ie sois seul miserable:
Reste sain ie te pri, pour estre secourable
A ma douleur extréme, & m'y donner conseil.

 Si i'auois vn hayneus qui me voulust la mort,
Pour me venger de luy, ie ne voudrois lui faire,
Que regarder les yeus de ma douce contraire
Qui si fiers contre moi, me font si dur effort.
 Ceste punition, tant son regard est fort,
Luy seroit peine extréme, & se voudroit deffaire:
Ne lit, ne pain, ne vin ne lui sauroient complaire,
Et sans plus au trespas seroit son reconfort.
 Tout cela que lon dit d'une Meduse antique,
Au prix d'elle, n'est rien que fable poëtique:
Meduse seulement tournoit l'homme en rocher,
 Mais cette-cy en-roche, en-glace, en-eaue, en-fo-
Ceus qui ozĕt sans peur de ses yeus approcher: (üe
Et si en les tuant, vous diriez qu'el' se ioüe

en-eaue en-
tourner en
& en eau.

 Amour se vint cacher dans les yeus de Cassādre
Cōme vn Tan, qui les bœufs fait moucher par les
Puis il choisit vn trait sur to°ceus du carquois (bois,
Qui, piquāt sçait le mieus dedās les coeurs descē-
           (dre.

Il élongna ses mains, & feit son arc estendre
En croissāt, qui se courbe au premiers iours du mois,
Puis me lascha le trait, contre qui le harnois
D'Achille, ni d'Hector ne se pourroit defendre.
　Apres qu'il m'eut blessé, en riant s'en volla,
Et par l'air, mon esprit auec lui s'en alla,
Mais toutesfois au coeur me demoura la playe,
　Laquelle, pour neant cent fois le iour i'essaye
De la vouloir garir, mais tel est son efort
Que ie voy bien qu'il faut que maugré moi ie l'aye
Et que pour la garir, le remede est la mort.

　Dame, ie meurs pour vo⁹, ie meurs pour vous ma-
Dame, ie meurs pour vo⁹, et si ne vo⁹ en chaut (dame
Ie sens pour vous, au coeur vn brasier si treschaut,
Que pour ne le sentir ie veus bien rendre l'ame.
　Ce vous sera pour-tant vn scandaleus diffame,
Si vous me meurdrissés sans vous faire vn defaut,
E que voulés vous dire? esse ainsi comme il faut
Par pitié refroidir, de vôtre amant la flamme?
　Non, vous ne me poüés reprocher que ie sois
Vn effronté menteur, car mon teint, & ma voix
Et mon chef ia grison vous seruent d'asseurance,
　Et mes yeus trop caués, et mō coeur plein d'esmoi
E que feroi-ie plus! puis que nulle creance
Il ne vous plait donner aus tesmoins de ma foy?

c.ij.

Il ne sera iamais, soit que ie vive en terre
Soit qu'aus enfers ie sois, ou la-haut dans les cieux,
Il ne sera iamais que ie n'aime trop mieux
Que myrthe, ou que laurier la feuille de lierre.

Sus elle cette main qui tout le coeur me serre,
Trassa premierement de ses doigts gracieus
Les lettres de l'amour que me portoient ses yeus,
Et son coeur qui me fait une si douce guerre.

Iamais si belle fueille à la rive Cumée
Ne fut par la Sibylle, en lettres imprimée
Pour bailler par écrit aus hommes leur destin,

Côme ma Dame a paint d'une espingle poignāte
Mon sort sus le lierre, é Dieu qu'amour est fin!
Est il rien qu'en aimant une Dame n'invente?

I'aurai tousiours au coeur attachés les rameaus
Du lierre, où ma Dame oza premier écrire
(Douce ruze d'amour) l'amour qu'el' n'osoit dire
L'amour d'elle & de moy: la cause de noz maus:

Sus toi iamais sus toi Orfrayes n'y Corbeaus
Ne se viennent brancher, iamais ne puisse nuire
Le fer à tes rameaus, & à toi soit l'empire
Pour iamais dans les bois de tous les arbrisseaus.

Non pour autre raison (ce croi-ie) que la mienne
Bacchus orné de toi sa perruque Indienne
Que pour recompenser le bien que tu lui fis,

Quand sus les bords de Die Ariadne laissée,
Lui feit sçauoir par toi, ses amoureus ennuys
Ecriuant dessus toi s'amour & sa pensée.

Ie mourois de plaisir voyant par ces bocages
Les arbres enlasses de lierres épars,
Et la lambruche errante en mille & mille pars
Es aubepins fleuris prés des roses sauuages.
Ie mourois de plaisir oyant les dous langages
Des Hupes, & Coqus, & des Ramiers rouhars
Sur le haut d'un fouteau bec en bec fretillarts,
Et des Tourtres aussi voyant les mariages:
Ie mourois de plaisir voyant en ces beaus mois
Sortir de bon matin les Cheureuilz hors des bois,
Et de voir fretiller dans le ciel l'Alouette:
Ie mourois de plaisir, ou ie meurs de soucy
Ne voyant point les yeus d'une que ie souhette
Seule, vne heure en mes bras en ce bocage icy.

A pas mornes & lents seulet ie me promene,
Non-challãt de moi-mesme: & quelq̃ part q̃ i'aille
Vn importun penser me liure la bataille,
Et ma fiere ennemie au deuant me ramene:
Penser! vn peu de treue, & permets que ma pene
Se soulage vn petit, & tousiours ne me baille
Argument de pleurer pour vne qui trauaille

c. iij.

Sans relasche mon cœur, tant elle est inhumaine.
Ou si tu ne le fais, ie te tromperay bien
Ie t'assure ma foy que tu perdras ta place
Bien tost, car ie mouray pour ruiner ton fort :
   Puis quand ie seray mort, plus ne sentiray rien,
(Tu m'auras beau pincer) que ta rigueur me face
Ma dame, ni amour : car rien ne sent vn mort.

   Pourtant si ta maitresse est vn petit putain,
Tu ne dois pour cela te courrousser contre elle,
Voudrois-tu bien hayr ton ami plus fidelle
Pour estre vn peu iureur, ou trop haut à la main ?
   Il ne faut prendre ainsi tous pechés à dedain,
Quand la faute en pechant, n'est pas continuelle :
Puis il faut endurer d'une maitresse belle
Qui confesse sa faute, & s'en repent soudain.
   Tu me diras qu'honneste & gentille est t'amie,
Et ie te respondrai qu'honneste fut Cynthie
L'amie de Properce en vers ingenieus,
   Et si ne laissa pas de faire amour diuerse :
Endure donq, Ami, car tu ne vaus pas mieus
Que Catulle valut, que Tibulle & Properce.

   Amour voiant du ciel vn pescheur sur la mer,
Calla son aisle bas sur le bord du nauire,
Puis il dit au pescheur, ie te pri que ie tire

Ton ret,qu'au fond de l'eau le plomb fait abymer.
 Vn Daulphin,qui sauoit le feu qui viēt d'aimer,
Voiant Amour sur l'eau, à Tethis le va dire,
Tethys,si quelque soing vous tient de vôtre empire,
Secoüre-le,ou bien tost il est prest d'enflammer.
 Tethys laissa de peur,sa cauerne profonde,
Haussa le chef sur l'eau, & vit Amour sur l'onde
Qui peschoit à l'escart:las, dit el, mon nepueu
 Oustés-vous,ne brulés mes ondes ie vous prie:
N'aiés peur,dit Amour,car ie n'ay plus de feu,
Tout le feu que i'auois,est aus yeus de Marie.

 Calliste mon amy,ie croi que ie me meurs,
Ie sens de trop aimer la fieure continue,
Qui de chaud,qui de froid iamais ne diminue,
Ainçois de pis en pis rengrege mes douleurs:
 Plus ie vueil refroidir mes bouillantes chaleurs,
Plus Amour les ralume,& plus ie m'esuertüe
De rechaufer mon froid,plus la froideur me tüe,
Pour languir au meilleu de deux diuers malheurs.
 Vn ardent apetit de iouïr de l'aimée
Tient tellement mon ame en pensers alumée,
Et ces pensers douteus me font réuer si fort,
 Que diette,ne iust,ni section de vene
Ne me sauroient garir,car de la seule mort
Depend,& non d'ailleurs, le secours de ma pene.
c. iiij.

Ie veus lire en trois iours l'Iliade d'Homere
Et pour-ce, Corydon, ferme bien l'huis sur moi :
Si rien me vient troubler, ie t'asseure ma foi
Tu sentiras combien pesante est ma colere.
 Ie ne veus seulement que nôtre chambriere
Vienne faire mon lit, ou m'apreste de quoi
Ie menge, car ie veus demeurer à requoi
Trois iours, pour faire apres vn an de bonne chere.
 Mais si quel-cun venoit de la part de Cassandre
Ouure lui tost la porte, & ne le fais attendre :
Soudain entre en ma chãbre, & me vien acoustrer,
 Ie veux tan-seulement à lui seul me monstrer :
Au reste, si vn Dieu vouloit pour moi descendre
Du ciel, ferme la porte, & ne le laisse entrer.

 I'ai l'ame pour vn lit de regrets si touchée
Que nul, & fusse vn Roy, ne fera que i'aprouche
Iamais de la maison, encor moins de la couche
Où ie vy ma maitresse, au mois de May couchée,
 Vn somme languissant la tenoit mi-panchée
Dessus le coude droit, fermant sa belle bouche,
Et ses yeus, dans lesquels l'archer amour se couche
Ayant tousiours la fleche en la corde encochée.
 Sa teste en ce beau mois, sans plus, estoit couuerte
D'vn riche escofion ouuré de soie verte
Où les Graces venoient, à l'enuy se nicher,

Et dedans ses cheueus choysissoient leur demeure.
I'en ai tel souuenir que ie voudrois qu'a l'heure
(Pour iamais n'y pēser) son oeil m'eust fait rocher.

Douce, belle, gentille, & bien fleurente Rose,
Que tu es à bon droit à Venus consacrée,
Ta delicate odeur hommes & dieux recrée,
Et bref, Rose, tu es belle sur toute chose.
La Grace pour son chef vn chapellet composé
De ta feuille, & tousiours sa gorge en est parée,
Et mille fois le iour la gaye Cytherée
De ton eau, pour son fard, sa belle ioüe arose.
He Dieu que ie suis aise alors que ie te voi
Esclorre au point du iour sur l'espine à requoy,
Dedans quelque iardin pres d'un bois solitere!
De toi les nymphes ont les coudes & le sein:
De toi l'Aurore emprunte & sa ioüe, & sa main,
Et son teint, celle-là qui d'amour est la mere.

Sonet en dialogue.

R. Que dis-tu, que fais-tu, pensiue Tourterelle
Desus cest arbre sec? T. Helas ie me lamente.
R. Et pourquoi di-le-moi? T. De ma cōpagne absēte
Plus chere que ma vie. R. En quelle part est elle?
R. Vn cruel oyselleur par glueuse cautelle
La prise, & l'a tuée: & nuit & iour ie chante
Sō trespas dās ces bois, nommant la mort méchante

Qu'elle ne m'a tuée aveques ma fidelle.
  R. Voudrois-tu biẽ mourir aveques ta cõpaigne.
T. Oüi, car aussi-bien ie languis de douleur
Et toufiours le regret de sa mort m'acompaigne.
R. O gentils oysellets que vous estes heureus
D'aimer si constemment, qu'heureus est vôtre coeur
Qui sans point varier est tousiours amoureus.

Le sang fut bien maudit de ceste horrible face
Qui premier engendra les serpens venimeus:
Helene! tu devois quand tu marchas sus eus
Non sans plus les arner, mais en perdre la race.
Nous estions l'autre iour dans vne verte place
Cueillants m'amie & moi les fraiziers savoureux,
Vn pot de cresme estoit au meillieu de nous deux,
Et sur le ionc du lait treluisant comme glace.
Quand vn villain serpẽt de venin tout couuert,
Par ne sçai quel maleur sortit d'un buisson vert
Contre le pied de celle à qui ie fais seruice,
Pour la blesser à mort de son venin infect:
Et lors ie m'écriay, pensant qu'il nous eut faict
Moi, vn second Orphée, & elle, vne Eurydice.

Traduction du Sonnet precedent par Ian d'Aurat. Choriambici Alcaïci.

O Quàm teter erat monstrificæ sanguis imaginis,
Primus letiferos qui peperit reptilium greges!
Hos calcans, Helene, debueras non modò frangere
Spinam, sed penitus progeniem perdere perfidam.
Cùm nos forte solo colligeremus viridi simul
Nuper, nostra Cassandra & cupiens perditè ego illius,
Suaui fraga sapore: in medio staret & ollula
Lactis plena cremore, atque, gelu quod vitrei modo
Lucens lac habuit iunceolæ textile fiscinæ:
Tunc horrenda veneno grauidi forma rubo exilit
Anguis, nescio qua sorte mala, qui illius in pedem,
Cui me dedideram, seruitiúmque omne simul meum,
Infesto ruit acer cupiens lædere aculeo.
Hic mox vociferans exilio, scilicet hoc timens,
Ne nostram effigiem forte nouans efficeret Fera
Ex illa Euridycen alteram, at ex me miserū Orpheum.

Marie, tout ainsi que vous m'aués tourné
Mon sens, & ma raison, par vôtre voix subtile,
Ainsi m'aués tourné mon graue premier stile
Qui pour chanter si bas n'estoit point destiné:
Aumoins si vous m'auiés pour ma perte, donné
Congé de manier vôtre cuisse gentile,
Ou, si à mes baisers vous n'estiés dificile,
Ie n'eusse regretté mon stile abandonné.

Las ce qui plus me deut, c'est que vous n'estes pas
Contente de me vouloir ainsi parler si bas
Qui soulois m'éleuer d'une muse hautaine:
Mais me rëdant à vous, vous me mãquez de foy,
Et si me traités mal, & sans m'outer de peine
Tousiours vous me liés, & triomphés de moi

La Rose, à Guillaume Aubret Poiteuin. Imitation d'Anacreon.

Verson ces Roses prés ce vin,
Prés de ce vin verson ces Roses,
Et boyuon l'un à l'autre, afin
Qu'au coeur noz tristesses encloses,
Prennent en boyuant quelque fin.

La belle rose du printans
Aubret, amonneste les hommes,
Passer ioyeusement le tans.
Et pendant que ieunes nous sommes
Esbatre la fleur de noz ans.

Car ainsi qu'elle defleurist
A bas en vne matinée,
Ainsi nôtre age se flestrist
Las! & en moins d'une iournée

Le printans d'un homme perist

Ne vei-tu pas hyer Brinon
Parlant, & faisant bonne chere,
Lequel au iourd'huy n'est, sinon
Qu'un peu de poudre en vne biere
Qui de lui n'a rien que le nom?

Nul ne derobe son trespas,
Charon serre tout en sa nasse,
Rois & pauures tombent là bas:
Mais ce pendant le tems se passe
Rose, & ie ne te chante pas

La Rose est l'honeur d'un pourpris,
La Rose est des fleurs la plus belle,
Et de sur toutes ha le pris,
C'est pour celà que ie l'apelle
La violette de Cypris.

La Rose est le bouquet d'Amour,
La Rose est le ieu des Charites,
La Rose est pleine tout au tour
Au matin, de perles eslites
Qu'elle emprunte du point du iour.

La Rose est le parfun des Dieux,

La Rose est l'honneur des pucelles,
Qui leur sein beaucoup aiment mieux
Enrichir de Roses nouuelles
Que d'un or tant soit precieux.

Est il rien sans elle de beau!
La Rose embelist toutes choses,
Venus de Roses a la peau,
Et l'Aurore a les doigz de Roses
Et le front le Soleil nouueau.

Les Nimphes de Rose ont le sein,
Les coudes, les flancs, & les hanches,
Hebé de Roses à la main,
Et les Charites tant soient blanches
Ont le front de Roses tout plain.

On dit que Bacus la planta
Quand elle deuint cramoisie
Du beau sang qui l'ansanglanta,
Et qu'en nouueau don à s'amie
Ariadne la presenta.

Et, que lui pris de la beauté
De ses belles fueilles vermeilles,
Sans elles n'a iamais esté,
Quand en chemise, sous les trailles
Il boit au plus chaud de l'Esté.

Imitation d'Anacreon.

L'Vn dit la prise des murailles
De Thebe, & l'autre les batailles
De Troye, mais i'ay entrepris
De dire comme ie fus pris:
Ny Nef, Pieton, ny Chevalier
Ne m'ont point rendu prisonnier.
Qui donc a perdu ma franchise?
Vn nouueau scadron furieus
D'amoureaux, armé des beaux yeus
De ma Dame, a causé ma prise.

Du Grec de d'Aurat.

CElui qui veut sçauoir
Combien de feu i'endure
Dans le cœur, pour auoir
Vne maitresse dure.

Contemple de mon cors
La peau toute halée,
Sans couleur par dehors
Comme cendre brulée.

Et, m'aiant ainsi veu

Mon feu pourra comprendre
Car la grandeur d'un feu
Se cognoist à la cendre.

Vers de neuf à dix syllabes, Imitatiõ de Bion Poëte Grec.

CHere vesper, lumiere dorée
De la belle Venus Cytherée,
Vesper, dont la belle clarté luit.
Autant sur les astres de la nuit
Que reluist par de sur toi la Lune:
O clair image de la nuit brune,
En lieu du beau Croissant, tout ce soir
Donne lumiere, & te laisse choir
Bien tard en la marine source.
 Ie ne veus larron ouster la bourse
A quelque amant, ou comme vn meschant
Volleur, devalizer vn marchant:
Ie veus aller outre la riuiere
Voir m'amie: mais sans ta lumiere
Ie ne puis mon voiage acheuer,
Pour-ce, haste toi de te leuer
Et de ta belle nuitale flamme
Eclaire au feu d'amour qui m'enflame.

Imitation d'Anacreon.

IE suis homme né pour mourir,
Ie suis bien seur que du trespas
Ie ne me saurois secourir
Que pondre ie n'aille là bas.

Ie cognois bien les ans que i'ay,
Mais ceus qui me doiuent venir
Bons ou mauuais, ie ne les sçai,
Ny quand mon age doit finir.

Pour-ce, fuiés vous-en esmoi,
Qui rongés mon coeur a-tous cous,
Fuiés vous-en bien loing de moi
Ie n'ai que faire auecques vous.

Aumoins auant que trespasser
Que ie puisse à mon aize vn iour,
Ioüer, sauter, rire, & dancer,
Auecque Bacus, & Amour.

Ode à Remy Belleau.

BElleau, s'il est loisible aus nouueaus d'inuëter
Celà, que les plus vieus n'ont pas osé chanter,

Ie dirois voluntiers que l'amour n'a point d'aisles,
Las! car s'il en auoit s'ebranlant dessus elles
De mon cœur quelquesfois se pourroit absenter.

Il n'a point d'arc aussi, & le feint-on rüer
Des fleches à grand tort: il a voulu müer
Son arc en Harquebouze, on le sent à l'épreuue:
Car pour le coup d'un trait si grãd feu ne se treuue
Autour du cœur blessé, qu'il le puisse tüer

Comme le feu d'un plomb: ou bien si le trait peut
Engendrer quelque feu, si esse qu'il n'emeut
Au dedans de la playe vne si grande flame
Qui puisse d'une ardeur hors du cors chasser l'ame
Qui moins d'ũ coup de trait q̃ d'un plõbet se deut.

Dõques, ou ie me trõpe, ou l'amour n'est archer,
Il est harquebouzier: & qui voudra chercher
Cõme il tire, aille voir les beaus yeus de Cassandre,
Tout soudain, de cent pas il lui fera comprendre
Si d'un plõb ou d'un trait les cœurs il veut toucher.

Il fait de ses beaus yeus son plombet enflammé,
Sa pouldre de sa grace, & en ce point armé,
Il sort à la campaigne à l'entour de sa bouche,
Dans ses cheueux frisez il dresse l'écarmouche,
Et de son sein il fait son rempart enfermé.

Ode à Nicolas Denizot du Mans.

Cinq iours sont ia passés, Denizot mon amy,
Que Cassandre malade en repos n'a dormy:
Tu sçais combien son mal de douleur me cõsomme,
Allon dedans les pretz que ta Sarte, & mon Loir
Baignent, & s'il te plait faison nostre deuoir
De cuillir des pauotz, qui sont sacrez au Somme.

Ha mõ Dieu q̃ i'ẽ vóy, ces pretz en sont toº plaĩs,
Chargeõ-en nostre sein, noz mãches, et noz mains,
Nous-en auons assez: aporte du Lyerre,
Puis de gazons herbus maçonne vn autel vert,
Et l'entournant sept fois, ayant le chef couuert
Dy ces motz aprés moi, regardant contre terre.

Somme fils de la Nuit, & de Lethe oublieux,
Pere, Alme, nourrissier des hommes & des Dieux,
De qui l'aisle en volant espend vne gelée
Sur l'humide cerueau, & bien qu'il fust remply
D'Amour ou de procés, tu l'assoupis d'oubly,
Et charmes pour vn tems sa tristesse sillée.

Tu enserres les yeus de tous les animaus
D'un lien fait d'airain: de ceus-là qui des eaus
Douces, & de la mer coupent l'humide voye,

d. ij.

Et de ceus empennés apris à bien voler,
Et de ceus-là qu'on laisse en pasturage aller,
Et de ceus qui aus bois se nourrissent de proye.

Sans ton secours mouroit tout ce grãd mõde icy:
C'est pour-ce qu'on t'apelle, Alme, dely-soucy,
Donne-vie, Ouste-soin: cest toi qui amonneste
De cõtempler la mort, quãd tu nous viens toucher
Du bout de ton pauot les yeus, pour les boucher,
Et quand d'un flot Lethé tu nous baignes la teste.

Tu es du vueil des Dieux Prophete & messager:
C'est toi qui en dormant à l'homme fais songer
Son sort bon ou mauuais, & si nous estions sages,
Sages non seulement, mais aussi gens de bien,
Rien ne nous auiendroit que nous ne sceussions biẽ
Lon tems deuant le fait, instruits de tes présages.

O Somme, ô grand Daimon, ô l'utille repos
De tout ame qui vit: pren à gré ces pauots
Cet ancens, cette manne, & vien desous ton aisle
Couuer vn peu les yeus, les temples, & le front
De Cassandre malade, & d'un sommeil profond,
Toutesfois reueillable, alege le mal d'elle.

C'est assez, Denizot, exsaucé ie me sens,
Le feu de son bon gré a pris dedans l'encens,

Et ne ſçai quel Daimon ha la manne lechée:
Retournon au logis, le coeur me bat d'eſpoir,
Et prophette me dit, que nous la pourons voir
Si non du tout garie, au moins bien allegée.

Traduction de quelque Epigrammes Grecs, ſur la Ieniſſe d'aerain de Myron excellentemét bien grauée.

A FRANSOIS DE REVERGAT.

PAſteur, il ne faut que tu viennes
   Amener tes vaches icy.
De peur qu'au ſoir auec les tiennes
Tu ne renmenes cette-cy.

Autre.

Ie n'ay de vache la figure,
Mais Myron m'atachant me mit
De ſur ce pilier, par dépit
Que i'auois mangé ſa paſture.

Autre.

Ie ſuis la vache de Myron
Bouuier, & non pas feinte image,
Pique mes flancs d'un aiguillon,
Et me menes en labourage.

d. iij.

Autre.

Pourquoy, Myron, m'as tu fait ſtable
Sur ce pilier, ne veus-tu pas
Me deſcendre, & me mener là bas
Avec les autres en l'eſtable?

Autre.

Si vn veau m'aviſe, il crira,
Si vn toreau, il m'aimera:
Et ſi c'eſt vn paſteur champeſtre
Aus chams me voudra mener paiſtre.

Autre.

Bien que ſur ce pilier ie ſois
Par Myron en airain pourtraite,
Comme les bœufs ie mugirois
S'il m'avoit vne langue faite.

Autre.

Vn Tan en voyant la figure
De cette vache fut moqué,
Ie n'ay iamais (dit il) piqué,
Vache qui euſt la peau ſi dure.

Autre.

Icy Myron me tient ſerrée,
Sur moi frapent les paſtoureaux
Cuidans que ie ſois demeurée
Apres le reſte des Toreaux.

Autre.

Veau, pourquoi viens tu seulet
Soubs mon ventre pour teter?
L'art ne m'a voulu prester
Dans les mammelles du lait.

Autre.

Pourquoi esse que tu m'enserres
Myron, sur ce pilier taillé,
Si tu m'eusses vn iong baillé
Ie t'eusse labouré tes terres.

Autre.

Pourueu qu'on ne mette la main
Sur mon cuir, quoy qu'on me regarde
De pres, ou de loin, on n'a garde
De dire que ie sois d'aerain.

Autre.

Vn pasteur m'auoit oubliée,
Dans les pretz de Myrō l'authrier,
Qui par vengeance m'a liée
Des quatre pieds sur ce pilier.

Autre.

Si Myron mes pieds ne detache,
Dessus ce pilier ie mouray,
S'il les detache, ie couray
Par les fleurs comme vne autre vache.

GAYETE.

A Qui donnai-ie ces sornettes,
Et ces mignardes chansonnettes?
A toy mon Ianot, car tousiours
Tu as fait cas de mes amours,
Et as estimé quelque chose
Les vers raillars que ie compose:
Aussi ie n'ay point de mignon,
Ny de plus aymé compagnon,
Que toy mon petit oeil, que i'ayme
Autant ou plus que mon cœur mesme,
Attendu que tu m'aimes mieux,
Ny que ton cœur, ny que tes yeux.
Pour-ce mon Ianot, ie te liure
Ce qui est de gay dans ce liure,
Ce qui est de mignardelet
Dedans ce liure nouuelet.

   Liure que les Sœurs Thespiennes,
Dessus les riues Pympléennes,
Raui, me firent conçeuoir,
Quand ieune garson, i'allay voir
Le brisement de leur cadance,
Et Apollon le guide-dance.

   Pren-le donc, Ianot, tel qu'il est,
Il me plaira beaucoup s'il plaist

A ta Muse Greque-latine,
Compagne de la Rodatine:
Et soys fauteur de son renom,
De nostre amour, & de mon nom:
Afin que toy, moy, & mon liure,
Plus d'un siecle puissions reuiure.

GAYETE.

AV vieil tems que l'enfant de Rhée
N'auoit la terre dedorée,
Les grands Herôs ne dedaignoient
Les chiens qui les acompagnoient,
Fidelles gardes de leur trace:
Mais toy chien de mechante race,
En lieu d'estre bon gardien
Du trac de m'amie & du mien,
Tu as comblé moy, & m'amie
De deshonneur, & d'infamie:
 Car toy par ne sçay quel destin,
Desloyal & traistre mastin,
Iappant à la porte fermée
De la chambre, où ma mieux aimee
Me dorlotoit entre les dras
Flanc de sur flanc & bras à bras:
Tu donnas soupçon aux voisines,

Aux sœurs, aux freres, aux cousines
T'oyans pleindre à l'huys lentement
Sans entrer, que segretement
Tout seul ie faisoy la chosette
Auecque elle dans sa couchette,
 Et si bien le bruict de celà,
Courut par le bourg çà & là,
Qu'au raport de telle nouuelle
Sa vieille mere trop cruelle,
Brulante d'un ardent courrous
Sa fille diffama de cous,
Lui escriuant de vergelettes
L'yuoire de ses cotelettes.
 Ainsi traistre, ton aboyer,
Traistre, m'a rendu le loyer
De t'aimer plus cher qu'une mere
N'aime sa fille la plus chere:
 Si tu ne m'eusses esté tel
Ie t'eusse fait chien immortel,
 Et t'eusse mis parmy les signes
Entre les astres plus insignes,
Compagnon du chien d'Orion,
Ou de celui, qui le Lion
Aboye, quand la vierge Astrée
Se voit du soleil rencontrée.
 Car certes ton corps n'est pas laid,

Et ta peau plus blanche que lait
De mille frisons houpelüe,
Et ta basse oreille velüe,
Ton nez camard, & tes gros yeux
Meritoient bien de luire aux cieux:
Mais en lieu d'une gloire telle
Vne demaugeante gratelle,
Vne fourmilliere de pous,
Vn camp de puces, & de loups,
La rage, le farcin, la taigne,
Vn dogue afamé de Bretaigne,
Iusque aux oz te puissent manger
Sur quelque fumier estranger,
Mechant mastin, pour loyer d'estre
Si traistre à ton fidelle maistre.

GAYETE.

Enfant de quatre ans, combien
Ta petitesse â de bien,
Combien en â ton enfance,
Si elle auoit cognoissance
De l'heur que ie dois auoir,
Et qu'elle â sans le sçauoir!
Mais quand la douce blandice
De ta raillarde nourrice,
Des le point du iour te dit,
E quoy, vous couchez au lit,

De Iane, honteux à l'heure,
Mignon, ton petit oeil pleure,
Et te cachant dans les dras,
Ou petillant de tes bras,
Depit, tu gimbes contre elle,
Et luy dis, memàm, ma belle,
Mon gateau, mon sucre doux,
Et pourquoy me dictes vous
Que ie couche aueq Ianette.

Puis el' te baille sa tette,
Et t'apaisant d'un iouët,
D'une clef, ou d'un roüet,
De poix, ou de piroüettes,
Essuye tes larmelettes.
Ha pauuret, tu ne sçay pas,
Celle qui dedans ses bras
Toute nuict te poupeline!
C'est mignon, ceste maline
Las mignon, c'est ceste là
Qui de ses yeux me brula.

Que pleust à Dieu que ie pusse
Pour vn soir deuenir puce,
Ou que les ars Medeans
Eussent raieuni mes ans,
Ou cōuerty ma ieunesse
En ta peu caute simplesse

GAYETE.

Me faisant semblable à toy,
Sans soupçon ie coucheroy,
Entre tes bras, ma cruelle,
Entre tes bras, ma rebelle.
Or' te baisant tes beaux yeux,
Or' ton sein delicieux,
D'ou les amours qui me tuent
Dix mille fleches me ruent.
 Lors certes ie ne voudroy
Estre faict vn nouueau roy
Pour ainsi laisser m'amie
Toute seulette endormie:
Et peut estre qu'au reueil,
Ou quand plus le doux sommeil
Luy enfleroit la mamelle,
Qu'en glissant plat dessus elle,
Ie luy feroy si grand bien,
Qu'elle aprés quitteroit bien
Toy, ses freres, & son pere,
Qui plus est, sa douce mere
Pour me suiure à l'abandon
Comme Venus son Adon
Suiuoit par toute contrée,
Fust que la nuit acoustrée
D'astres, tumbast dans les eaux,
Fust que les flammeaux naseaux

Souflassent d'une alenée
Hors des eaux la matinée.

GAYETE.

Assez vrayment on ne reuere
Les diuines bourdes d'Homere,
Qui dit, que l'on ne peut auoir
Si grand plaisir que de se voir
Entre ses amis à la table,
Quand vn menétrier delectable
Paist l'oreille d'une chanson,
Et quand l'outesoif échanson
Fait aller en rond par la troupe,
De main en main la pleine coupe.

Ie te saluë heureux boyueur,
Des meilleurs le meilleur reueur,
Ie te saluë esprit d'Homere,
Tes vers cachent quelque mystere.
Il me plaist de voir si ce vin
M'ouurira leur segret diuin.

Iö ie l'entens, chere troupe,
La seule odeur de ceste coupe
M'a fait vn Rhapsode gaillard
Pour bien entendre ce Vieillard.
Tu voulois dire bon Homere

GAYETE.

Que l'on doit faire bone chere
Tandis que l'âge, & la saison,
Et la peu maitresse raison,
Permetent à nostre ieunesse
Les libertés de la liesse,
Sans auoir soin du lendemain:

 Mais d'un hanap de main en main,
D'une trepignante cadance,
D'un roüer autour de la dance,
De meutes de chiens par les boys,
De lutz mariez à la vois
D'un flus, d'un dé, d'une premiere,
D'une belle fleur printaniere,
D'une pucelle de quinze ans,
Et de mille autres ieux plaisans
Donner plaisir à nostre vie
Qui bien tost nous sera rauie.

 Moy donques oysif maintenant
Que la froidure est detenant
D'une clere bride glacée
L'humeur des fleuues amassée:
Ore que les vents outrageus
Demenent vn bruit orageus,
Ores que les douces gorgettes
Des Dauliennes sont muettes,
Ores qu'au soir on ne voit plus

Dancer par les antres reclus
Les Pans auecques les Dryades,
Ny sur les riues les Naiades.
 Que feroi-ie en telle saison,
Sinon oyseaux à la maison,
Ensuiuant l'oracle d'Homere
Pres du feu faire bonne chere?
Et souuent baigner mon ceruedu
Dans la liqueur d'un vin nouueau,
Qui tousiours traine pour cõpaigne
Ou la routie, ou la chastaigne.
 En ceste grande coupe d'or
Verse, Page, & reuerse encor,
Il me plaist de noyer ma peine
Au fond de ceste tasse pleine,
Et d'étrangler aueq le vin
Mon soucy qui n'a point de fin,
Non plus que l'ãtraille immortelle,
Que l'aigle horriblement bourrelle,
Tãt les attraits d'un oeil vainqueur
Le font renaistre dans mon cœur.
Ca page donne ce Catulle,
Donne ce Tibulle, & Marulle,
Donne ma lyre, & mon archet,
Depen-là tost de se crochet,
Viste doncq, afin que ie chante,

GAYETE.

Affin que par mes vers i'enchante,
Ce soing, que l'amour trop cruel
Fait mon hoste perpetuel.

O Pere, ô Bacchus, ie te prie,
Que ta sainte fureur me lie
Dessoubz ton Thyrse, a celle fin
O Pere, que i'erre sans fin
Par tes montaignes reculées,
Et par l'horreur de tes vallées.

Ce n'est pas moy, las! ce n'est pas
Qui dedaigne suiure tes pas
Et couuert de lierre, brére
Par la Thrace Euan, pourueu, Pere
Las! pourueu Pere, las! pourueu
Que ta flamme esteigne le feu
Qu'amour, de ses rouges tenailles
Me tournasse dans les antrailles.

e.i.

L'HEVRE PAR
REMI BELLEAV,
à P. de Ronsard.

Ieu te gard Fille heritiere
De ce Faucheur orguilleux,
Et la fidelle portiere
De l'olympe sourcilleux,
Qui retiens sous la cadance
De tes pas, la violance
De ce grand Tour merueilleux.

Dieu te gard gente Déesse
Au pié lentement glissant,
O qu'heureuse est ta paresse,
Qui ne va point finissant!
O Dieu qu'heureuse est ta fuitte,
Au regard de l'entresuitte,
De nôtre âge perissant!

Bien que tu sois paresseuse
La plus qui soit dans les cieux,
L'on te tient la plus heureuse,
Qui soit entre tous les Dieux:
Car tu n'es iamais sugette

Faire ainſi qu'une planette,
Vn grand tour laborieux.

 O que ta courçe eſt fuittiue
Que le tems n'atrappe pas,
Mais à l'homme trop hatiue
Pour lui donner le treſpas,
Qui ſoudain le mets au monde,
Puis ſoudain dans la noire onde,
Le fais ombre de la bas.

 Toute la force, & la grace
Du ciel, ſe remire en toi,
Et la violente audace
Du tems, ne giſt qu'en ta foi,
Qui te rend obaiſſance,
Pour cacher ſon inconſtance,
Sous la rigueur de ta loi.

 C'eſt ton vol lent qui raporte
Sur ſes ælles le bon heur
Du ciel, c'eſt lui qui rend morte
Peu a peu nôtre douleur,
Nous contentant d'aſſeurance,
Ou repaiſſant d'eſperance,
Pour franchir nôtre malheur.

Toute la trouppe admirable
Des feux brillans dans les cieux,
Point ou peu se rend traitable,
Et familiere a noz yeux
Comme toi, qui nous ordonnes
Tout en tout, & qui nous donnes
Nostre pis & nostre mieux.

Comme toi, qui aux clotures
D'un iuoire, ou d'un cristal,
Tranches les iours par mesures,
Sous vn mouuement egal,
Tant fut l'ame curieuse!
Et la main ingenieuse
Pour animer vn metal.

Comme toi, qui du bocage,
Retires le Bucheron,
Le Pasteur, du pasturage,
Des vignes, le Vigneron,
Le Peintre, de la peinture
L'Ecriueur, de l'ecriture
Des forges, le Forgeron.

Comme toi, qui tousiours veilles
Proche du lit de Ronsard,
Et sans cesse le reueilles,

Affin que d'un nouuel art,
Et d'une nouuelle adresse,
Il flechisse la rudesse
De sa Cassandre qui l'ard.

Sois-lui donques fauorable
Lente Deesse au pieds moux,
Ren-lui Cassandre traitable:
„ Amour fauorise à tous,
„ Pourueu qu'on le puisse prendre
„ Sus l'heure, qu'il veut entendre,
„ A nous rire d'un oeil dous.

Retien la courçe amoureuse
De son âge dous-coulant,
De ta main industrieuse,
Qui au cheual pié-volant
Donne le frain, & le donte,
Quand dispos le Soleil monte
Dans son char estincellant.

Mais pendant que ie te chante
Ie grisonne, & pers la vois,
Et toi mille fois mourante,
Tu renais autant de fois,
Sans qu'en la mort tu seiournes,

Car en mourant tu retournes,
Et sans retour ie m'en-vois.

LA CERISE DE REMI BELLEAV DV PERCHE, A P. de Ronsard.

C'EST à vous de chanter les fleurs,
Les bourgeons, & les espiz meurs,
Le beau gazouillis des fontaines,
Et le bigarement des plaines,
Qui estes les plus favoris
D'Apollon & le mieux apris :
Quant à moi rien plus ie n'atente
Sinon chanter l'honneur de l'ente
De la Cerise, & son beau teint
Dont celuy de m'amye est teint.
  Sus donc Déesses iardinieres,
Nymphes fruitieres, cerisieres,
Sus donc, des vers soupirés moi
Pour la vanter comme ie doi.
  Rien ne se trouue plus semblable
Au cours de la Lune muable,
Rien plus n'imite son labeur
Que ce fruit, auant qui soit meur.

Tantost pâlle, tantost vermeille,
Tantost vers la terre sommeille,
Tantost au ciel leue son cours,
Tantost vieillist en son decours.
Quand le soleil mouille sa tresse
Dans l'Ocean, elle se dresse,
Le iour la nuit egallement
Ell' prend teinture en vn moment.
  Ainsi ce dous fruit prend naissance
Prend sa rondeur, prend sa croissance
Prend le beau vermillon qui teint
La couleur palle de son teint.
  O sage & gentille nature
Qui contrains dessous la clôture
Dune tant delicate peau
Vne gelée, vne douce eau
Vne eau confitte, vne eau sucrée,
Vne glere si bien serrée
De petis rameux entrelas!
Qu'à bon droit l'on ne diroit pas
Que la nature bien aprise,
N'eust beaucoup plus en la Cerise
Pris de plaisir, qu'en autre fruit
Que de sa grace nous produit.
  A t'elle pas en sauuegarde
De son espece, mis en garde

e. iiij.

LA CERISE

Le noyau dans vn osselet,
Dedans vn Vase rondelet
Clos, serré dans vne voutûre
Faitte en si iuste architecture
Que rien ne semble imiter mieux
Ce grand Tour surpandu des cieux?
    Les autres fruicts en leur semence
Retiennent vne mesme essence,
Mesme iust, & mesme couleur
Mesme bourgeon, & mesme fleur:
Mais la Cerise verdelette
Palle, vermeille, rondelette
La Cerise, & le cerisier,
La merise & le merisier,
(Que i'aime autant, qu'aime ma Dame
Le soing qu'elle donne à mon ame,
Que la rose aime le matin,
Et la pucelle son tetin)
Est en liqueur plus differente
Que la marine en sa tourmente
En son teinct plus que l'arc au ciel,
En douceur plus que le rous miel.
    L'une est pour adoucir doucette,
L'autre pour enaigrir aigrette,
Seche-freche pour moderer,
Aigre-douce pour temperer,

L'aigreur & la douceur enſemble
Du fieureux alteré qui tremble.
Bref elle a mille alegemens
A mille dangereus tourmens.
  Ou ſoit que meure ſur la branche
En ſon courail elle ſe panche,
Ou ſoit qu'en l'arriere ſaiſon
Cuitte ſe garde en la maiſon,
Ou bien confitte, elle recrée
L'eſtommac d'une humeur ſucrée,
Donnant au Sein contentement
Et au Malade allegement.
  Mon Dieu mõ Dieu quel plaiſir eſſe
Accompaigné de ſa maitreſſe
Librement à l'ombre ſe voir
D'un Ceriſier, & de ſaſſeoir
Deſſus l'herbe encore blondiſſante
D'une perlette rouſoiante!
Et de main forte rabaiſſer
Vne branche pour lui laiſſer
Cuillir de ſa leuure tendrette
La Ceriſe encor verdelette!
  Puis apres de la meſme main
Doucement decouurir ſon ſein
Pour baiſer la ſienne iumelle
De ſa ronde & blanche mamelle

LA CERISE

Puis lui dire en la baisottant
La caressant, la mignottant,
Cachés vostre beau sein mignonne,
Cachés cachés, las! il m'étonne
Ia me faisant mort deuenir,
Par l'outrage d'un souuenir
Que i'ai de ce marbre qui tremble
De cette cerise, qui semble
Rougir sur vn mont iumelet
Fait de deux demi-rons de lait,
Par qui ma liberté rauie
Dedaigne maintenant la vie,
Par qui ie cesse de sonner
Celle que ie te veus donner
Mon Ronsard, or' que redeuable
Ie te sois, si sui-ie excusable
Par vne extréme affection
D'auoir changé de passion :
Mais en meilleure souuenance
Ne pouuoit tomber ma cadance
Pour adoucir le contre-son
De ma rude & longue chanson.
 Si l'auras-tu: mais ie t'asseure
Qu'el' n'est pas encor assés meure,
El' sent encores la verdeur,
N'aiant ny le teint, ny l'odeur:

Mais pour tromper la pouriture
S'il te plaist, par la confiture,
De ton saint miel Hymettien,
De ton cristal Pegasien
Qui sort de ta bouche sacrée,
Tu la rendras toute sucrée:
Affin que par toi meurissant
On ne la trouue pourissant.

 Si tu le fais, ie n'ai pas crainte
Ny des frimas, ny de l'atteinte
Des coups d'un orage gresleux,
Ny du Ronge-tout orguilleux,
Ny d'une mordante gelée,
Ny de la gourmande volée
D'un noir escadron d'étourneaux,
Ny du bec des petis moineaux.

 Tellë qu'elle est, ie te la donne
D'aussi bon cœur, que ta mignonne
T'en â plusieurs fois enuoié
Pour ton estomac deuoié
D'estre courbé dessus le liure,
Pour la faire à iamais reuiure.

LE CIRON DE G. AVBERT,
A P. DE RONSARD, ET
A R. BELLEAV.

Mes vers ne sont asseś tonnans
Pour les gros frellons bourdonnans,
Ny mes Rimes asseś bruyantes
Pour les grenouilles gazouillantes,
Trop humble seroit ma chanson
Pour le superbe limaçon,
Et des fromis la noire bande
Vn guidon plus hardi demande.
A toi, Ronsard, à toi, Belleau,
Ie quitte ce pesant fardeau,
Qui de vos lyres immortelles
Vous egalleś aus neuf pucelles:
Quant à moi, contant ie seray
De beaucoup moins, & chanteray
Vn Ciron qui souuent entame
La peau douillette de ma Dame.
   Ciron ioli, Ciron mignard,
Ciron gay, Ciron fretillart
Qui d'Ebene as la teste noire,
Et l'estomac de fin iuoire,
De cristal l'un & l'autre flanc,

Et le reste d'albastre blanc:
O que i'estime fortunée
Ta naissance, & ta destinée!
Ah combien ie suis enuieux
De tes plaisirs delicieux!
　Nous hommes naissons d'immŏdices,
Et tu ne nais que de delices,
De plaisir, & de gayeté,
Et de lasciue oisiueté
Entre les mains mignardelettes
Des tendrelettes pucellettes.
　Comme les yures moucherons
Tu ne loges aux enuirons
D'un muy, & comme les grenouilles
Dans le bourbier tu ne gazouilles,
Et dans les trous ne te nourris,
Comme les rats, & les souris:
Ainçois tant que ta vie est vie,
Ta demeure belle & iolie
Est située sur les lieus
Les plus plaisans & gracieus
Qui soient dans les mains blăchelettes
Des tendrelettes pucellettes.
O dous seiour, logis heureus,
Logis plaisant, & amoureus!
O douce maison, & heureuse,

Maison plaisante, & amoureuse!
Mais ce logis tant precieus
N'est fait par vn art ocieus,
Ains quand le Ciron sort en vie
Soudainement il le charie,
Et tire vn sillon tout entier
En forme de petit sentier :
Puis sur vn bout dresse sa chaise
Où il se repose à son aise,
Et là seiourne clair & beau,
Comme le polaire flambeau,
Qui loin de la marine source
Reluist en la queüe de l'Ourse.
 Dirai-ie encores les apas
Dont tu prens, Ciron, tes repas?
Tu laisses aus dieux l'ambrosie,
Le nectar, & la maluoisie,
Aus Frellons tu laisses le miel,
Les épis, aus oyseaus du ciel,
Et les rosées matinalles
Aus Papillons, & aus Cigalles,
Et les bourgeons fraichement nés,
Aus Escargotz emmaisonnés:
Mais tu te pais d'une viande
Trop plus delicate & friande,
C'est de l'humeur des mains tendrettes

Des tendrelettes pucelletes.
 Comme les Fromis ménagiers
Tu ne vis en mille dangiers
Qu'un cheual, ou vne autre beste
Du pié t'écarbouille la teste,
Ou qu'on te frape en vn buisson
D'un coup de trait, comme vn pinson:
Ainsi que la mouche importune
Tu ne crains point que la fortune
Te face apast des hirondeaus,
Ou des pipians passereaus:
Ains en paix de seureté plene
Tu vis sans trauail, & sans pene,
Plain de repos, vuide d'ennuy,
Et de tout mal, comme celuy
Qui est seur es mains tendrelettes
Des blanchelettes pucelletes.
 Aussi croy-ie que ton bon heur
Feit long tems tenir en honneur
(S'il m'est permis d'ainsi le dire)
Chés les Perses le nom de Cire:
Car ils empruntoient les grans nons
De Cire, des petis cirons,
Comme aussi feirent la Sirie,
Et la Surie, & l'Assirie.
 Epicure semblablement,

Voyant à l'oeil euidamment
Alors qu'une ardeur demangeante
Luy causoit aus mains quelque fante,
Qu'en te mettant dedans, soudain
Tu faisois reioindre sa main,
Fermant la partie trenchée
Par certaine vertu cachée.
Estima que tout l'uniuers
Fut basti de cirons diuers
(Que autrement atomes il nomme)
Qui s'acrochans en vne somme
Pesle-mesle, front contre front,
Maçonnoient tout ce monde rond:
Tant auoit peu l'experience
Vers lui, Ciron, de ta puissance!

 Mais quand en ce mortel seiour
Tu pers la lumiere du iour,
Ton sepulcre n'est en la terre,
Ny en l'eau, ny sous vne piere,
Ny en quelque bord estrangier
Comme le cors d'un naufragier:
Ains il est es mains blanchelettes
Des tendrelettes pucellettes,
Ton cors gisant au mesme lieu
Qui bien seroit digne d'un Dieu:
O si ie rendois ainsi l'ame!

DE R. BELLEAV.

Dedans le giron de ma Dame,
O que i'aurois de reconfort
En vne tant heureuse mort!
  Or' pour auoir mis en memoire,
Petit Ciron, ta grande gloire,
Ie te pri' n'outrager la peau
De mon Ronsard, ny de Belleau,
Affin que tu ne les amuses
A se grater, lors que leurs muses
Entonnent les celestes vers
Qui vollent par tout l'uniuers:
Ainsi les épingles pointues
Puissent toutes estre moussues,
Et les éguilles s'epointer,
Quand elles te voudront ôter
D'entre les mains mignardelettes
Des tendrelettes pucellettes,

LESCARGOT DE REMI
Belleau, à P. de Ronsard.

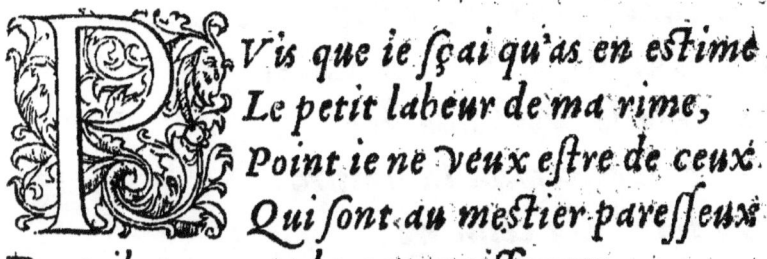Vis que ie sçai qu'as en estime
Le petit labeur de ma rime,
Point ie ne veux estre de ceux
Qui sont au mestier paresseux
Dont ils tiennent la congnoissance,

f. ii.

Et en cachent l'experience,
Vraiment ie ne veux estre tel,
Car à l'exercice immortel
Des Muses, i'emploirai ma peine,
Pour chercher l'immortelle veine,
Et le sourgeon du cler ruisseau,
Qui roule du double couppeau
De Parnasse, affin que i'abreuue
Quelquefois estant sur la greuue
De mon petit Roume argentin,
Qui flotte d'un pli serpentin,
Recherchant ton Loir, pour l'hommage
Qui lui doit de son voisinage.
Ma langue, pour mieux entonner
Le fredon que ie veus sonner
Sur mon Luc, de la douce flamme
Qui fait vn brasier de mon ame,
Et de l'honneur que ie te doi
Pour l'amitié que i'ay de toi.

 Toutesfois attendant que l'heure
T'en aura l'épreuue meilleure
Mis en main, ie te veus tailler
Vne limasse, & l'émailler
Au compas, comme la nature
En a tortillé la ceinture,
Comme au pli d'un petit cerceau

En bosse en a fait le vaisseau,
Le vaisseau que ie veux élire
Pour le vanter dessus ma lire.
  C'est donc toi cornu limasson,
Qui veus étonner ma chanson
C'est toi, c'est toi race cousine
De la brigade Titannine,
Qui voulut écheler les cieux
Pour mettre en routte les haults dieux
  Il t'en souuient de l'entreprise
Et de la victoire conquise
Contre vous, car le bras vangeur
De nôtre sang, fut le changeur.
  Quant pour eternizer la gloire
De telle conquise victoire
En signal du sot iugement
Quils auoient pris ensemblement
D'oser égaller leur puissance
A l'immortelle resistance
De leurs harnois & de leurs os,
Il en tira les escargotz
Que voiés encor de la terre
Leur mere (mocquant le tonnerre,
La corne droitte, bien armés)
Contre le ciel naistre animés.
  N'esse pas contre la tempeste

Que portés braue sus la teste
Le morion bien escaillé,
Bien cizelé, bien émaillé,
Et comme race opiniatre
Que cherches encor à combatre
La marque des vieus fondemens
Et les superbes bastimens?
Grimpant a-mont pour faire eschelle,
Pensant que soit la citadelle
Dont Encelade foudroié
S'aterra menu poudroié,
Comme par l'esclat d'un tonnerre
S'empoudre le bois & la pierre,
Ou comme le flanc d'un rampart
A coups de balle se depart?

 Puis d'une deux-fois double corne,
Braue, tu rampes sur la borne
De quelque Olympe sourcilleux,
Ou d'un Pelion orgueilleux,
Semblant defier la menace
De Iuppiter par ton audace.

 Mais, helas! tout en vn moment
Au seul soupirer d'un dous vent
Tremblant de peur, ta laide trongne
Dans sa coquille se renfrongne,
Craignant le foudre punissant

Que darde son bras rougissant
  O sotte race outrecuidée
Que la fureur auoit guidée,
Non la raison, pour aprocher
Celui qui la fist trébucher
D'un clin d'oeil! telle est sa puissance
Contre l'humaine outrecuidance,
Telle est la rigueur de ses mains
Contre la force des humains.
  Cela vraiment nous doit aprendre
De n'oser iamais entreprendre,
De n'oser iamais attenter
Chose contraire à Iuppiter,
Ou tendoit leur sotte auanture
Que pour combattre la nature,
Qui par vn certain mouuement
A sur nous tout commandement.
  Aussi le sang, & le carnage
De leur sort, tesmoigne la rage,
La grand' colere & la fureur
De Bacus braue auancoureur.
Quant à dos & teste baissée
En peau de lion herissée,
A coups d'ongles, à coups de dens
Tout pesle-mesle entra dedans,
Et de la rencontre premiere

LESCARGOT.

Satacque à l'aparance fiere
Du grand Rhete, qui repoussa
De tel effort qu'il l'enfonça,
Et mort estandu sur la place
Empoudra sa sanglante face,
Sans mille, auquels pour s'aprocher,
L'ame & le sang leur fist cracher.

 Et c'est pourquoi pere indontable
Cette vermine miserable
Pour plus traistrement se vanger,
Encor' auiourd'hui vient ronger
L'espoir, & la vineuse attente
Du gemmeux bourgeon de ta plante.

 Aussi pour te vanger ie veux
En faire vn sacrifice d'eus
Dressant vn triomphe en memoire
De la braue & gente victoire
Comme iadis l'on sanglanta
Le couteau du bouc qui brouta
Le ver tandron de la ramée
Du beau sep de ta vigne aymée.

 Tu seras donc vif arraché
Hors de la cocque, & embroché
A c'est échallas pour trophée,
Où pandra ta chair étouffée
Dans la terre premierement,

Qui produift tel enfantement,
Et telle outrageufe vermine
Qui ronge la grappe Erboifine
　Les armes ie les garderai,
Et puis ie les derouillerai,
S'il te plaift pour feruir d'augette
Ronfard, à ta gente Alouette.
Ou (fi tu le veus ramager)
A ton Roufignol paffager
Qui d'une voix doucement rare
Pleure encor la couche barbare,
L'outrage, le tort inhumain
Que forfift la cruelle main
Du traitre rauiffeur Terée
Aux chaftes feux de Cytherée.

f. iiij

GAYETE.

J'Ay vescu deux mois, eu trois,
Mieux fortuné que les Roys
De la plus fertile Asie,
Quand ma main tenoit saisie
Celle, qui tient dans ses yeux
Ie ne sçay quoy, qui vaut mieux
Que les perles Indiennes,
Et les Masses Midiennes.
 Mais depuis que deux Guerriers,
Deux Soldars auenturiers,
Par vne treue mauuaise
Sont venus atrister l'aise
De mon plaisir amoureux,
I'ay vescu plus malheureux
Qu'un Empereur de l'Asie,
De qui la terre est saisie,
Fait esclaue sous la loy
D'un autre plus vaillant Roy.
 Las! si quelque hardiesse
Enflamme vostre ieunesse,
Si l'amour de vostre Mars
Tient vos cœurs, allez Soldars
Allez bienheureux gendarmes,
Allez, & vestez les armes,

GAYETE.

Secourez la fleur de lis:
Ainsi le vineux Denys,
Le bon Bacchus porte-lance
Soit tousiours vostre defence.

   Et quoy ? ne vaut-il pas mieux
Nobles Soldars furieux,
De coups éclairsir les foules,
Qu'ainsin éfroyer les poules
De vos sayons bigarrez:
Allez, & vous reparez
De vos belles cottes d'armes,
Allez bienheureux gendarmes,
Secourez la fleur de lis:
Ainsi le vineux Denys,
Le bon Bacchus porte-lance
Soit tousiours vostre defence.

   Il ne faut pas que l'hyuer
Vous engarde d'arriuer
Où la bataille se donne,
Où le Roy mesme en personne
Plein d'audace, & de terreur
Epouante l'Empereur,
Tout blanc de crainte poureuse,
Desus les bors de la Meuse.

   A ce bel œuure, Guerriers,
Serez vous pas les premiers?

Ah, que vous aurez de honte
Si vn autre vous raconte
Combien le Roy print de fors,
Combien de gens seront mors
A telle ou telle entreprise:
Et quelle vile fut prise
Par eschelle, ou par assaut,
Combien le pillage vaut,
En quel lieu l'infanterie,
En quel la gendarmerie
Heureusement à fait voir
Le exploitz de son deuoir,
Noble de mille conquestes:
 Lors vous besserez les testes,
Et de honte aurez le tainct
Tout vergongneusement teint.
Et fraudez de telle gloire
N'oserez manger, ny boire
A l'écot des Tauerniers,
Ny iurer comme Sauniers
Entre les gens du village,
Mais portant bas le visage,
Et mal assurez du cœur,
Tousiours vous mourrez de peur
Qu'vn bon guerrier ne brocarde
Vostre lacheté coüarde.

GAYETE.

Donc, si quelque honneur vous poingt
Souldars, ne cagnardez point,
Suiuez le train de voz Peres,
Et raportez à voz Meres
De vos victoires le bien :
Sans vous ie garderay bien
Vos Sœurs, allez donc gendarmes,
Allez & vestez les armes,
Secourez la fleur de lis,
Ainsi le vineux Denys,
Le bon Bacchus porte-lance
Soit tousiours vostre defence.

Fautes aperceües en l'impreſsion.

Page. Ligne.
- 4. 3. aſſerée. Liſez acerée.
- 6. 5. ciguale. l. Cigalle.
- 6. 7. tendrons. l. tendons
- 13. 15. m'en uoier. l. m'enuoier.
- 24. 15. pniſſe. l. puiſſe.
- 15. 8. enuyé. l. ennuyé.
- 18. 4. beſſe. l. baize.
- 19. 1. feront. l. feroit.
- 19. 10. Lacs. l. Latz.
- 19. 13. ſelle. l. ſ'elle.
- 19. 13. vouloir. l. vouloit.
- 20. 7. plueſt. l. pleuſt.
- 21. 8. promette. l. promettre
- 23. 21. cheze. l. châire.
- 24. 9. l'emprindre. l. l'empreindre.
- 28. 21. ſçarois. l. ſçaurois.
- 31. 7. qui te redemandra. l. qui redemandera.
- 31. 24. Imbret. l. Imbert.
- 32. 3. en ſa peine. l. à ſa peine.
- 34. 3. prigne. l. prenne.
- 44. 2. vouloir. l. voir.
- 44. 7. Aubret. l. Aubert. Lig. 15. idem.
- 48. en la marine. l. dedans la marine.

Suyuant le priuilege du Roy, octroyé a P. de Ronsard Vandomois, Il est permis a Vincent Sertenas, & à Iean Dallier Marchans Libraires demourans à Paris, d'imprimer, ou faire imprimer la Continuation des amours dudict Ronsard, iusques au terme de six ans finis & accomplis, à commencer du iour que ladicte Continuation sera acheuée d'imprimer, Comme il appert par vn trasport que ledict de Ronsard en à fait ausdicts Vincent Sertenas, & Iean Dallier.

www.ingramcontent.com/pod-product-compliance
Lightning Source LLC
LaVergne TN
LVHW050649090426
835512LV00007B/1114